AF331194

OBSERVATIONS

L'ÉCOLE DES GERMANISTES

A L'OCCASION DES TRAVAUX DE M. KŒNIGSWARTER

CONCERNANT

LES ORIGINES GERMANIQUES DU DROIT CIVIL FRANÇAIS

Par M. Ch BATAILLARD,

MEMBRE RÉSIDANT

(Extrait du dix-huitième volume des Mémoires de la Société
royale des Antiquaires de France.)

PARIS

IMPRIMERIE D'E. DUVERGER

RUE DE VERNEUIL, Nº 4

1846

OBSERVATIONS

SUR

L'ÉCOLE DES GERMANISTES

A L'OCCASION DES TRAVAUX DE M. KOENIGSWARTER

CONCERNANT

LES ORIGINES GERMANIQUES DU DROIT CIVIL FRANCAIS.

Le mouvement imprimé depuis vingt-cinq ans aux études historiques a produit, sans contredit, de grands résultats; mais il était difficile qu'il n'entraînât pas au delà du but que tous s'efforçaient d'atteindre, quelques-uns des hommes laborieux qui s'élançaient dans la carrière. Parmi les écrivains mûris par de fortes études et qui détruisaient de vieilles erreurs, il se plaça d'ardents novateurs aussi sincères dans leurs convictions, mais que devaient égarer les séductions du paradoxe. Peut-être nous trouvera-t-on un peu téméraire, si nous nous permettons de ranger parmi ces derniers les historiens qui ont entrepris de démontrer que la civilisation et les lois modernes découlent moins des lois et de la civilisation romaine que des codes et des mœurs des peuples germains. Ces historiens ont formé l'école des *Germanistes*, par opposition aux autres qu'ils ont appelés *Romanistes*. L'école des germanistes, bien nouvelle encore, n'est cependant pas sans gloire. Parmi ses chefs, elle compte Gans, Rosshirt, Philipps, Turk, Crabbe, Beseler; mais leurs ouvrages, écrits dans des langues étrangères, n'ont pas été traduits dans la nôtre, et leurs idées ne se sont guère propagées que de l'autre côté du Rhin. Klimrath, dont la vie fut trop courte, a, dans quelques études (sur les coutumes notamment), soulevé un instant en France l'étendard des germanistes. Un autre écrivain, M. Kœnigswarter, vient de l'arborer hautement. On annonce enfin qu'une traduction de l'ouvrage de Gans sur le *Droit de succession dans ses rapports avec l'histoire générale* est à la veille de paraître [1]. Si cette traduction n'a point pour résultat de populariser en France les opinions des germanistes, elle ne saurait manquer du moins d'appeler la controverse sur un terrain encore nouveau. Il n'est donc pas sans oppor-

---

(1) La partie de cet ouvrage qui concerne la France vient d'être publiée sous le titre suivant : *Histoire du droit de succession en France au moyen-âge*, par Édouard Gans; traduite en français par L. de Loménie, précédée d'une Notice sur la vie et les ouvrages de Gans, par M. Saint-Marc Girardin, in-12 de 11 feuilles et demie. A Paris, chez Moquet et chez Challamel.

tunité aujourd'hui d'examiner avec un peu d'attention les travaux de M. Kœnigswarter, que l'on peut considérer comme les avant-coureurs d'une doctrine naissante et destinée sans doute à laisser dans l'histoire de la science quelques traces de son passage.

Depuis plusieurs années M. Kœnigswarter s'est livré à d'intéressantes recherches sur les *origines germaniques du droit civil français*. Il avait déjà posé quelques assises de l'édifice qu'il se proposait d'élever [1], lorsqu'il s'arrêta tout à coup et revint sur ses pas, comme pour réparer un oubli. Procédant alors logiquement, il commença par former, à l'aide d'une judicieuse critique, la bibliothèque où il devait trouver ensuite réunies les sources de notre droit civil. Les éléments celtique et romain y tiennent une étroite place; l'élément germanique en occupe une plus large; enfin il en consacre une plus grande encore aux anciens monuments de notre droit coutumier [2].

Les travaux de M. Kœnigswarter, publiés dans la *Revue de législation et de jurisprudence*, forment une série de six articles, où il a rapproché des lois germaines la plupart de nos lois actuelles sur la constitution de la famille, la naissance et la

(1) *Revue de législation*, t. XIV, p. 30. *Études historiques sur le droit civil français. De l'Etude historique du droit civil en France.*

(2) *Même Revue*, t. XVI, p. 165. *Sources et monuments pour l'histoire du droit civil français.*

viabilité des enfants, l'autorité paternelle, la légitimation, l'adoption, la majorité, l'émancipation, la tutelle [1], les fiançailles, le mariage et le régime des biens entre époux [2]. Deux derniers articles ont été consacrés à des rapprochements semblables sur les successions testamentaires et parentelaires, sur la distinction des biens eu égard au droit d'hérédité, les priviléges d'aînesse et de masculinité, le retrait successoral, la saisine héréditaire, les institutions contractuelles et les donations entre époux [3].

Le point de départ de l'auteur est celui-ci : « L'invasion des peuples germains ne trouva dans « les Gaules que des sujets romains et un seul « élément, *l'élément romain*. C'est de lui et de « *l'élément germanique*, auquel il faut ajouter « *l'élément canonique*, que s'est formé le « droit français; d'où la conséquence que tout « ce qui, dans le droit coutumier, ne dérive « pas de l'élément romain et canonique, est d'o« rigine germanique [4]. » A chaque matière qu'il traite, l'auteur applique la règle qu'il a posée, recherchant à toutes nos lois actuelles une des ori-

(1) *Revue de législation*, t. XVI, p. 321. *Les Origines germaniques du droit civil français*.

(2) *Même Revue*, t. XVII, p. 393. *Les Origines germaniques*, etc.

(3) *Même Revue*, t. XIX, p. 321 et 513. *Les Origines germaniques*, etc.

(4) *Revue de législation*, t. XIV, p. 3, et t. XVI, p 322.

gines qu'il a signalées comme les uniques sources du droit français ; et c'est presque toujours à l'élément germanique qu'il rattache, de préférence, nos récentes institutions.

Les travaux de M. Kœnigswarter, soigneusement élaborés, abondent en rapprochements curieux. L'on y trouve partout une solide érudition et une saine interprétation des textes indiqués. Un vif intérêt et d'ingénieux aperçus soutiennent l'attention. Sous ces divers rapports nous avons beaucoup à louer, et nous le faisons avec empressement. Mais les louanges ne sont souvent qu'un moyen de se soustraire aux obligations qu'impose au critique l'examen d'une œuvre sérieuse. On loue les ouvrages médiocres et l'on est quitte envers leur auteur. M. Kœnigswarter ne doit pas être ainsi traité, et nous croyons donner un témoignage d'estime à ses écrits aussi bien qu'à son caractère, en nous permettant de signaler ce que son système a, suivant nous, de trop absolu.

L'élément germanique nous paraît se manifester dans nos lois modernes beaucoup moins que ne le pense M. Kœnigswarter. L'élément romain, nous le croyons du moins, y domine, et nous ajouterons qu'il ne pouvait manquer d'en être ainsi. On a dit avant moi la raison pour laquelle les tribus qui se répandirent sur le territoire de l'empire romain, qui se le distribuèrent et y fondèrent de nouveaux États, s'approprièrent sa civilisation.

« En cela elles obéirent instinctivement à la loi qui
« veut que lorsque deux peuples sont en contact
« et se mêlent ensemble, chacun d'eux emprunte à
« l'autre ce qui lui manque. Elles communiquèrent
« dès lors au monde ancien épuisé la force qu'il
« n'avait plus, et reçurent de lui la civilisation
« qu'elles n'avaient pas encore[1]. » Ce que les lois
germaniques connues généralement sous le nom
de *Lois des Barbares* ont de plus satisfaisant au
point de vue philosophique n'est ordinairement
qu'un reflet des lois romaines. Pour s'en convain-
cre, il suffit de lire attentivement, par exemple,
la loi des Burgundes. Les historiens modernes, et
particulièrement les jurisconsultes allemands, ont
démontré cette vérité par de savants travaux sur
la fusion du droit romain dans les lois germaines.
Ce qui donne à ces lois leur caractère d'origina-
lité est précisément ce qui tient davantage à la
rudesse de leurs auteurs et ce qui, par conséquent,
était le moins propre à survivre au contact de la
civilisation romaine. C'est que la constitution de
la famille avait pour but principal, chez ces nations
guerrières, de pourvoir à la défense et à la ven-
geance. La société publique n'étant pas organisée
de manière à protéger l'individu, c'était à la société
domestique à le faire. « La parenté entière prenait
« fait et cause pour un de ses membres. Elle pour-

____

(1) M. Mignet, *Introduction de la Germanie dans la société
civilisée de l'Europe occidentale. Notices et Mémoires historiques*, t. II, p. 9.

« suivait l'agresseur et la parenté de celui-ci jus-
« qu'à ce qu'ils eussent racheté le méfait et obtenu
« la paix au moyen d'une composition... Le ca-
« ractère moral de l'action n'existait pas... Dès
« que la parenté mécontente était satisfaite et la
« paix rétablie, les traces du mal étaient effacées.
« Les actions répréhensibles ne relevaient pas
« encore de la morale et du droit, mais de la pas-
« sion et de la force[1].» Ce qu'on pouvait avoir sur-
tout à craindre dans cet état de la société, c'était
qu'une famille plus forte qu'une autre n'abusât du
droit de représailles pour exiger une composition
exorbitante. Aussi est-ce sur la fixation de ces in-
demnités que les codes des barbares se sont le
plus appesantis. Plusieurs de ces codes, ceux des
Saliens et des Ripuaires entre autres, ne sont guère
que des tarifs des compositions dues pour tels ou
tels actes de spoliation ou de violence.

M. Kœnigswarter reconnaît dans le *Droit canonique* un troisième élément, mais auquel, à notre
avis, il n'accorde pas assez d'importance. Ce mot
d'ailleurs, s'il exprime bien ce qu'une législation
peut avoir emprunté aux canons des conciles et
aux décrétales, n'a-t-il pas le tort d'indiquer im-
parfaitement et même de laisser oublier une influence plus puissante? Je veux parler de l'influence du christianisme ou de l'Évangile qui,

____

(1) M. Mignet, *Notices et Mémoires historiques*, t. II.
p. 119.

faisant de tous les hommes des égaux et des frères, adoucissait les mœurs, tempérait la rigueur des lois, préparait l'affranchissement des esclaves, puis des serfs, inspirait aux faibles le sentiment de leur dignité, aux forts le respect des droits d'autrui, et préparait, parfois en dépit du droit canonique lui-même, le renouvellement du monde.

Enfin il est un élément plus puissant qu'aucun autre, indépendant des lieux et des temps, et base de toutes les législations, à tel point qu'elles ont été appelées bonnes ou mauvaises, suivant qu'elles l'ont respecté ou méconnu; c'est le droit fondé sur la nature de l'homme, sur son organisation, sur ses besoins physiques, intellectuels et moraux, sur la nature des choses soumises à son action; c'est *le droit naturel*. Ce droit, cependant, M. Kœnigswarter ne lui accorde aucune place. « Il ne le « reconnaît pas du moins *comme élément* des lois « d'un peuple. C'est au contraire, selon lui et « uniquement, *le but,* l'idéal vers lequel toute lé- « gislation positive doit tendre : moins il y aura « de disparate entre les lois d'une nation et le « droit naturel, c'est-à-dire la philosophie du « droit, et plus ce peuple sera avancé dans la voie « que lui a assignée la Providence. » Il y a sans doute quelque chose d'ingénieux et de vrai dans les derniers mots de cette pensée; mais de ce que toute législation doit tendre, par ses perfection- nements, au *but* indiqué par M. Kœnigswarter, il ne s'ensuit pas assurément que le droit naturel, tel que nous l'avons défini tout à l'heure, ne soit pas aussi *un point de départ*. Il est inévitablement au nombre des *éléments* primordiaux constitutifs de toute législation ; il est même le plus puissant de ces éléments.

De ce que le droit naturel n'est pas admis *comme élément* par l'esprit trop souvent exclusif de M. Kœnigswarter, il résulte que s'il trouve, à plusieurs siècles d'intervalle, des dispositions analogues, par exemple des lois protectrices de la vie ou des intérêts des enfants, il franchit cet intervalle sans hésitation : tel article du code civil n'est pour lui que la reproduction d'une loi des Francs ou du moyen-âge.

Citons des exemples à l'appui de nos critiques.

La loi romaine permettait d'exposer l'enfant nouveau-né. La loi salique et celle des Allemans protégaient son existence; elles lui reconnaissaient les droits de membre de la famille, dès qu'il avait, par ses cris, donné signe de vie. Une disposition analogue se rencontre dans les établissements de saint Louis [1]. M. Kœnigswarter en tire cette conclusion, « que l'art. 725 du code civil, qui exige la « viabalité des enfants pour succéder, et en partie « le principe qu'en fait de succession *le mort sai-* « *sit le vif,* tirent leur origine des anciennes cou- « tumes germaniques [2]. » Croit-on que les rédacteurs du code civil aient puisé dans les établisse-

(1) I, 2.
(2) *Revue de législation*, t. XVI, p. 326.

ments de saint Louis, et saint Louis dans la loi salique, la pensée de protéger l'enfance? Cette pensée est dans le cœur de tous les hommes. Les Romains l'avaient, il est vrai, subordonnée à un autre principe également respectable : en exagérant l'autorité paternelle, ils avaient étouffé la loi naturelle par la loi civile. Les Germains avaient écouté la voix de la nature. L'eussent-ils méconnue à leur tour, tous les législateurs imbus du spiritualisme chrétien n'en eussent pas moins proclamé, avant et après saint Louis, que l'enfant a droit à la protection des lois autant que l'homme fait, et plus encore, car il a de plus que l'homme et la faiblesse de son corps et la pureté de son âme.

Nos lois sur la puissance paternelle, sur la tutelle, sur la majorité qui affranchit un fils de toute autorité lorsqu'il est d'âge à se diriger seul, semblent à M. Kœnigswarter d'origine germanique. N'est-ce pas parce qu'il s'est imposé l'obligation de les faire dériver de cette origine ou de la source romaine? A mes yeux, ces lois ne sont encore que l'expression intelligente des vœux de la nature. De toutes nos coutumes, où ces matières sont traitées à peu près au même point de vue d'une protection nécessaire jusqu'à l'âge de virilité et superflue ensuite, en est-il une seule que l'on puisse dire avoir été rédigée sous l'influence du droit germanique?

« Dans les établissements de saint Louis, dit « M. Kœnigswarter, l'élément romain et cano-

« nique *commence déjà à se faire sentir* [1]. » En convenir aussi faiblement, c'est rester beaucoup au-dessous de la vérité. Les lois romaines et les lois canoniques sont citées presque à chaque article des établissements et souvent plusieurs fois dans un même article, aussi bien dans ceux concernant les personnes et l'organisation de la famille que dans ceux relatifs aux choses, aux contrats et aux actions. Ce monument capital a résumé les lois et les coutumes de la fin du XIIIe siècle; il a été le point de départ de la législation moderne. Vous y trouverez l'élément romain, l'élément canonique, le droit naturel et le spiritualisme chrétien à chaque page. Cherchez-y l'élément germanique!

Passons des personnes aux successions.

Les biens d'un défunt semblent devoir être dévolus suivant les degrés de parenté et les affections que cette parenté permet de supposer; il faut néanmoins reconnaître que les lois civiles peuvent réglementer cette matière avec plus de liberté que l'organisation de la famille, sans être accusées pour cela de méconnaître la loi naturelle.

Chez les Germains nul ne pouvait tester. Parmi ces peuples qui ne connaissaient ni commerce ni industrie, les terres formaient la presque totalité des fortunes. Les terres étaient, pour ainsi dire, la propriété commune de la famille, et l'on ne pouvait s'en dessaisir en faveur d'étrangers

____

(1) *Revue de législation*, t. XVII, p. 397.

sans le consentement de ses héritiers légitimes.
Une préférence marquée était donnée, dans l'ordre de succession aux mâles, à la lignée paternelle. L'Église, n'ayant aucune chance de recueillir
sa part de successions ainsi dévolues, fit d'immen-
ses efforts pour introduire parmi les Germains
l'usage des testaments qui étaient essentiellement
romains. Les lois salique et ripuaire n'autori-
saient les donations à cause de mort que si le do-
nateur n'avait pas de descendants. D'autres lois
n'admettaient d'exceptions qu'en faveur de l'Église
ou des établissements pieux et seulement jusqu'à
concurrence d'un dixième de la succession. Quelques législations enfin, par exemple celles des
Burgundes et des Goths, rédigées sous l'influence
du droit romain, laissent plus de latitude à la fa-
culté de tester. Les capitulaires et les formulaires
ont rendu plus commun l'usage des testaments,
mais ils sont restés une *exception* à la *règle* des
successions légitimes et les anciens principes germains sont demeurés la base du droit [1].

Dans la législation coutumière des siècles féo-
daux, M. Kœnigswarter voit l'élément germanique sortir victorieux d'une lutte contre les éléments romain et canonique. Dans la quotité ré-
servée à certains ascendants ou descendants sur
les biens d'un défunt par la plupart des coutumes
et par le code civil, il croit reconnaître la prédo-

____

(1) *Revue de législation*, t. XIX, p 324-333

minance des lois des barbares suivant lesquelles nul autre que Dieu ne pouvait faire un héritier, sur les lois romaines qui laissaient aux testateurs une liberté sans limite [1].

Ici encore l'auteur nous paraît se laisser entraîner trop loin par sa prédilection pour l'élément germanique. Si la loi des xii tables a donné aux testateurs un droit absolu sur leurs biens [2], les lois plus récentes de Rome ont singulièrement modifié les premières. On avait subordonné l'exhérédation des enfants à des conditions de forme qui devaient entraîner souvent la nullité des testaments faits à leur préjudice [3]. Dans divers cas, certains enfants *préterits*, c'est-à-dire omis, passés sous silence dans le testament de leur père, obtenaient de concourir pour une part de la succession avec les héritiers institués [4]. Les enfants sortis de la famille par l'émancipation, et qui semblaient avoir perdu par là tout droit à l'hérédité paternelle, recouraient, dans certaines circonstances, au préteur qui leur accordait la possession

----

(1) *Revue de legislation*, t. XIX, p. 333-337.

(2) Uti legassit super pecunia tutelave suæ rei, ità jus esto. *Tabula quinta.*

(3) *Instit. Just.*, lib. II, tit. xiii, *De exhæredatione liberorum.* — *Gaii Instit.*, Comment. 2, § 123.—*Ulpiani fragm.*, tit. xxii, § 16, etc.

(4) Piæteritæ istæ personæ, scriptis heredibus in partem adcrescunt... —*Gaii Inst.*, Comment. 2, § 124.—*Instit. Just.*, lib. II, tit. xiii. — *Ulp. fiag.*, tit. xxii, § 17 et 20.

des biens nonobstant l'institution régulière d'un héritier ; c'est ce que l'on appelait : *Bonorum possessio contra tabulas testamenti*[1]. Un fils avait-il été exhérédé avec toutes les solennités et les conditions prescrites, mais sans motifs suffisants, il attaquait les dernières volontés de son père comme inofficieuses, c'est-à-dire comme contraires aux devoir du sang[2]; on supposait qu'une exhérédation injuste ne pouvait procéder d'un esprit sain, et sous prétexte de démence (*hoc colore*), le testament était cassé. De testamentaire la succession devenait alors légitime et dévolue aux héritiers ordinaires[3]. Enfin on sait qu'*une légitime,* telle à peu près qu'elle a été admise dans nos coutumes et dans le code civil, avait été établie à Rome en faveur des enfants, puis favorisée et accrue en dernier lieu par les Novelles de Justinien[4]. Sur les successions, comme sur beaucoup d'autres points, nous pensons donc, contrairement à M. Kœnigswarter, que l'élément romain l'emporte dans nos lois actuelles et même dans nos anciennes coutumes sur l'élément germanique.

Nous dépasserions les limites qu'il convient d'assigner à ces observations sur des travaux qui

---

(1) *Inst. Just.*, lib. II, tit. xiii, § 3. — Gaius, Ulpien, etc.

(2) Rectè quidem factum, non autem ex officio pietatis... *Inst. Just.*, lib. II, tit. xviii.

(3) Digest. *De inofficioso testamento.* — *Inst. Just.*, lib. II, tit. xviii.

(4) Nov 18, cap. i, et Nov. 115, cap. iii et iv.

sont eux-mêmes d'une étendue limitée, si nous suivions leur auteur dans les détails où son sujet l'obligeait d'entrer sur l'ordre parentélaire des successions, la représentation, le privilége du double lien, le terme imposé à la parenté légale, la distinction des biens en paternels et maternels, en propres et conquêts, les priviléges d'aînesse et de masculinité, et le retrait successoral à l'aide duquel l'on conservait et l'on conserve encore les biens dans les familles. Ce retrait et la saisine héréditaire, ou l'adage : *Le mort saisit le vif,* consacrés par de nombreuses coutumes, et en définitive par le code civil, paraissent à M. Kœnigswarter dériver exclusivement du *condominium* ou de l'espèce de co-propriété qu'avaient tous les membres sur les biens et possessions de la famille parmi les Germains. A ce rapprochement on pourrait cependant en opposer un autre. Le *condominium* n'était pas inconnu non plus chez les Romains, où les *héritiers siens (sui hæredes)*, c'est-à-dire ceux qui étaient sous la puissance du père de famille au jour de son décès, étaient considérés moins comme acquérant un héritage que comme continuant de posséder les biens communs de la famille[1].

M. Kœnigswarter reconnaît que nos lois sur

—————

[1] Sui quidem hæredes ideo appellantur quia domestici hæredes sunt, et vivo quoque parente quodam modo domini existimantur. *Gaii Instit.*, Comment. 2, § 157.— *Instit. Just.*, lib. II, tit. xix, *De hæredum qualitate et differentia*, § 2.

l'institution contractuelle et les donations entre
époux ne dérivent point des lois germaines, mais
il en convient à regret. « Le chapitre ix du titre
« du code civil sur les donations et les testaments
« fait, dit-il, une assez triste figure parmi les ori-
« gines germaniques; aussi n'est-ce que pour
« avoir voulu pousser notre examen jusqu'à la fin
« de ce titre, que nous en avons dit quelques
« mots[1]. »

En résumé, M. Kœnigswarter s'est laissé entraîner trop loin par l'école des *germanistes*. Au
lieu de voir, dans des lois édictées à douze ou
quatorze siècles d'intervalle, la matière de rapprochements curieux et d'études intéressantes sur
la manière de procéder de l'esprit humain appli-
quant ses méditations à une même matière dans
des lieux et des temps éloignés les uns des autres,
l'auteur a cru trop facilement à des connaissances
historiques qui n'existaient point au moyen-âge.
Ces connaissances cependant eussent été néces-
saires pour opérer la transfusion réelle du texte
ou de l'esprit de telle loi ancienne dans le texte
ou l'esprit de telle autre loi plus récente. Si le
système de M. Kœnigswarter était fondé, si son
auteur était dans le vrai, si nos lois modernes
enfin avaient autant d'analogie qu'on le prétend
avec les lois des Germains, l'état de notre société
ressemblerait aussi beaucoup à l'état de la société

---

(1) *Revue de législation*, t. XIX, p. 539.

germanique ; car les lois sont la plus manifeste et la plus sincère expression de la civilisation des peuples.

M. Kœnigswarter n'a, dit-il, « qu'effleuré cha- « que matière, tandis qu'elle pourrait former sé- « parément l'objet de détails et de développe- « ments ultérieurs ; c'est un travail qu'il se réserve « de tenter plus tard[1]. » Cette appréciation que l'auteur a faite de son œuvre est, à notre avis, ou trop modeste, ou trop sévère. Il n'a pas effleuré son sujet ; il en a traité les diverses parties avec laconisme, mais toujours d'une façon éminemment substantielle. Les développements qu'il projette lui permettront d'entrer dans des détails de mœurs et d'histoire, de signaler l'esprit des lois soumises à son examen et d'envisager son sujet d'un point de vue philosophique, que ne comportaient pas les étroites limites assignées par lui-même à son premier travail. Conduit à mettre sans cesse en parallèle les lois des Germains et celles des maîtres du monde, il voudra consacrer à l'étude de celles-ci autant de veilles qu'il en a donné à l'étude des autres. Il était trop profondément pénétré de l'esprit des institutions germaines, trop exclusivement nourri de leurs textes, pour être juste envers Ulpien, Paul, Papinien, et à plus forte raison envers Justinien et ses successeurs. En méditant de nouveau leurs écrits, M. Kœnigs-

____

(1) *Revue de législation*, t. XIX, p 539.

warter s'y attachera, comme il s'est attaché aux lois des barbares. Plus maître alors de lui-même, il lui sera facile de se montrer moins exclusif et de faire, avec indépendance, la part de chacun des éléments dont le cours, tantôt séparé des autres, tantôt confondu avec eux, tantôt troublé, tantôt épuré par de nombreuses révolutions, a fini par produire la législation qui nous régit.